LA
CAMARGUE

ET

Les Saintes-Maries-de-la-Mer

ÉTUDE TOPOGRAPHIQUE, AGRICOLE,
PITTORESQUE ET HISTORIQUE,

PAR

JOSEPH BARD

Commandeur et Chevalier de plusieurs Ordres, Associé de l'Académie
impériale des Sciences de Marseille, de la Société impériale
de Médecine de la même ville, de la Société de Statistique
des Bouches-du-Rhône et de l'Académie impériale du
Gard, de l'Académie d'Aix-en-Provence.

VIENNE,

IMPRIMERIE ET LITHOGRAPHIE DE JOSEPH TIMON,
rue des Capucins, n° 3.

1857.

LA CAMARGUE

ET

LES SAINTES-MARIES-DE-LA-MER.

LES SAINTES-MARIES-DE-LA-MER.

(Camargue).

LA
CAMARGUE

ET

Les Saintes-Maries-de-la-Mer

ÉTUDE TOPOGRAPHIQUE, AGRICOLE,
PITTORESQUE ET HISTORIQUE,

PAR

JOSEPH BARD

Commandeur et Chevalier de plusieurs Ordres, Associé de l'Académie
impériale des Sciences de Marseille, de la Société impériale
de Médecine de la même ville, de la Société de Statistique
des Bouches-du-Rhône et de l'Académie impériale du
Gard, des Académies d'Aix-en-Provence.

VIENNE,

IMPRIMERIE ET LITHOGRAPHIE DE JOSEPH TIMON,

rue des Capucins, n° 3.

—

1857.

A M. L. DE LA SAUSSAYE,

OFFICIER DE LA LÉGION D'HONNEUR, MEMBRE DE L'INSTITUT DE FRANCE, RECTEUR DE L'ACADÉMIE DE LYON.

Monsieur,

Dans un de ces instants que vous voulez bien donner aux hommes d'étude, avec tant de bienveillance et d'effusion, vous m'avez fait l'honneur de me parler de la Camargue comme d'une terre intéressante que vous aviez observée sous ses divers aspects.

Daignez donc agréer l'hommage de ce petit travail qui, peut-être, concourra à imprimer un nouvel élan à vos souvenirs.

Je suis, avec une respectueuse estime, Monsieur,

Votre dévoué serviteur.

Joseph BARD.

Lyon, 14 avril 1857.

LA CAMARGUE

ET LES

SAINTES-MARIES-DE-LA-MER

———

I.

TOPOGRAPHIE.

Si la Camargue n'est point une terre vierge, au point de vue de l'exploitation agricole on peut la considérer comme presque inconnue hors du département des Bouches-du-Rhône, et, surtout, comme à peu près inédite.

Nul poëte n'a chanté son mirage, sa solitude et son silence, son harmonieuse uniformité, ses vertes oasis, ses murmurantes lagunes ; nul observateur n'a décrit son étrange physionomie, sa couleur, ses aspects insolites ; nul n'a fait retentir au loin ses échos ; nul écrivain n'a révélé son histoire, ses traditions et ses souvenirs ; nul économiste n'a parlé de ses cultures, de ses associations, de son régime. — La Camargue offre donc, comme objet d'étude, un champ neuf à défricher.

Cette vaste île, formée par le golfe du Lion, base du triangle au midi, et la bifurcation du Rhône, sommet du même triangle au nord, a la figure irrégulièrement tracée du delta grec, et se divise en haute et basse région. Elle commence géométriquement au faubourg arlésien de Trinquetaille (1), compris dans ses limites, à peu près comme le plateau de la Dombes ou Bresse inondée (Ain) vient prendre naissance, à Lyon, à l'extrémité méridionale de la Croix-Rousse.

Terre d'alluvions modernes, la Camargue, laissant le Grand-Rhône à l'est et le Petit-Rhône au couchant, se développe sur une étendue superficielle de 74,727 h. 34 a. 38 c. (surface fluviale exclue), dont 18,000 submergés soit par l'eau salée, soit par l'eau douce. Nul accident, nul pli du sol naturels ne troublent la constante horizontalité de cette surface, et son inclinaison insensible du nord au midi s'exerce en de telles conditions de pente, qu'elle arrive à niveau à la mer. Toute cette zone insulaire dépend de deux cantons et de deux centres communaux, du canton ouest et de la commune d'Arles-sur-Rhône, qui s'étendent à la

---

(1) Le nom de Trinquetaille est une corruption de celui de Franche-Taille, donné jadis à cette partie extra muros d'Arles, parce qu'elle jouissait de l'immunité de la taille.

Haute-Camargue : du canton et de la commune des Saintes-Maries comprenant la Basse-Camargue, et, indépendamment d'elle, la Petite-Camargue. Cette dernière région s'inscrit, sur une étendue superficielle de 9,000 hectares, entre le Petit-Rhône et l'ancien lit du fleuve, limite occidentale qui la sépare du Bas-Languedoc. — La ville des Saintes-Maries-de-la-Mer et le village récent des Embouchures sont postés comme deux sentinelles aux deux points de la plus grande dépression du sol camarguois et de la divergence la plus marquée des bras droit et gauche du Rhône, près du confluent de ces voies fluviales. Le village des Embouchures, du reste, n'est qu'une agglomération de cabanes occupées par les ouvriers employés aux travaux d'amélioration des passes du fleuve, par rapport à la navigation.

La mesure superficielle totale de l'île qui nous occupe se décompose en 46,531 h. 35 a. 78 c., résultant du concours de la commune et du canton d'Arles (ouest), et en 28,192 h. 98 a. 60 c. fournis par le contingent territorial de la commune et du canton des Saintes-Maries-de-la-Mer. Elle offre une longueur de 36 k. 7 h. sur le parcours du chemin de moyenne vicinalité n° 9, entre Arles (Trinquetaille) et la ville des Saintes-Maries, et 152 kilomètres de circonférence. — Ses moyens de communication consistent dans le chemin de grande vicinalité n° 12 d'Arles à Saint-Gilles (Gard), long de 15,238 mètres, dans le chemin de moyenne vicinalité n° 9 (d'Arles aux Saintes-Maries), que nous avons déjà effleuré, dans le chemin de moyenne vicinalité n° 11 (d'Albaron à Saint-Gilles), s'embranchant sur la route n° 12 et le chemin n° 9, et se développant sur une longueur de 7 kil. 5 h., et dans huit chemins de petite vicinalité régulièrement classés. Les seules voies qui traversent les Haute et Basse-Camargues, c'est-à-dire l'île entière, d'une extrémité longitudinale à l'autre, sont le chemin de moyenne communication n° 9 et deux chemins de petite vicinalité.

La population de la partie du canton ouest et de la commune d'Arles-sur-Rhône, embrassant la Haute-Camargue, est de 3,824 habitants; celle du canton et de la commune des Saintes-Maries-de-la-Mer, comprenant la Basse-Camargue, distraction faite de la Petite-Camargue (autrefois nommée Forêt de Sylveréal), qui en dépend aussi, s'élève à 914 (recensement quinquennal de 1856), dont 543 centralisés dans la ville, et 371 disséminés dans les mas, fermes, manoirs, domaines, pêcheries et cabanes, concourant, dans l'île, à la formation du territoire communal. Restent 173 habitants pour la Camargue transrhodanienne, ou Petite-Camargue, qui font atteindre à la population totale du canton-commune des Saintes-Maries-de-la-Mer le

chiffre de 1,087. Canton et commune — on le voit
— ne font qu'un dans la Camargue. En rapprochant
ensuite les 914 habitants, géographiquement insu-
laires de la Basse-Camargue, des 3,824 habitants
de la Haute, nous aurons, sur le périmètre en-
tier de l'ile (la surface adjacente, mais transfluviale,
toujours exceptée), une population de 4,738 habitants.

Il n'existe, dans la Camargue, qu'une seule cure,
celle dont le siége est au milieu de la population
massée des Saintes-Maries-de-la-Mer, et cinq suc-
cursales établies à Trinquetaille, Albaron, Villeneuve (Gageron), Faramans, le Sambuc.

II.

HISTOIRE.

La Camargue fut connue dès la plus haute an-
tiquité. Elle offre encore ce point de ressemblance
avec la Bresse inondée, c'est qu'elle eut autrefois
de nombreux habitants. Entre le Rhône de Saint-
Ferréol, atterri depuis 1440, et l'étang du Valcarès (jadis appelé Vaccarès), l'on trouve les ruines
d'un vaste centre de population. Près de ces ruines,
riches en médailles, et du domaine de Méjanes,
l'observateur peut apercevoir, affleurant le sol,
d'autres restes archéologiques qui sollicitent, dans
l'intérêt de l'histoire, des fouilles régulièrement

conduites. Des antiquaires distingués ont cru voir, dans les débris voisins du Valcarès, les antiques et muets jalons d'Anatilia, capitale des Anatiliens, placée par Ptolémée à l'embouchure du Rhône (vraisemblablement le *Rhône-Mort*, dit de St-Ferréol). — Outre que nous n'oserions point nous bercer de l'espérance de faire jaillir ici la lumière d'une dissertation péniblement étudiée, le terrain des origines conjecturales nous conduirait beaucoup trop loin de notre sujet, et nous abandonnons volontiers à des plumes plus érudites que la nôtre la question difficile, embrouillée, incertaine, et des *Anatilii* et de l'emplacement de leur cité. Cette tribu ou ce peuple occupait la Basse-Crau et les îles du Rhône, y compris la Camargue. C'est sur leur territoire que Marius fit creuser le canal qui porte son nom.

Le nom de Camargue n'apparaît latinisé qu'au IXᵉ siècle, dans le mot de *Camaria*. Cette île présentait alors un développement beaucoup moins considérable qu'aujourd'hui. Le Valcarès appartenait à la Méditerranée, et toute la partie inférieure de la surface était occupée par la mer et par une voie lactée d'îlots, véritable archipel (sticados) se dressant au milieu des étangs salés. Si nos ancêtres eussent uni ces îlots entr'eux par des ponts, et y eussent bâti une ville insubmersible, ils auraient donné à la Provence une image de Venise.

—Quoi qu'il en soit, l'étymologie de Camargue a été très-contestée et demeure toujours très-contestable. Les uns l'ont cherchée dans l'absurde, en décomposant le nom de cette île par les mots : *Caii Marii Ager*, les autres dans le possible, en l'interprétant par le *Comagros* espagnol (terre fertile) et les radicaux grecs κάμαι (bas) et Ἀγρός (champ), que les Phéniciens auraient appliqués à la Camargue ; les autres, encore dans le vraisemblable, par les termes latins : *campus aquæ* ou *campus aquarum*. — Personne n'a été, je crois, assez heureux pour la déterminer dans le vrai. — J'éprouve moins de répugnance à adopter l'interprétation à l'aide des mots *campus aquarum*, que la plupart de celles exposées précédemment, parce que le substantif *aigues* (aquæ) aurait pu, tout assez naturellement, concourir à former le terme *argue*, et, par suite d'une induction orthographique qui a sa valeur, puisque l'on disait autrefois les Camargues, et que, même au singulier, le mot Camargue s'écrivait avec l'addition de l'*s*, signifiant un pluriel (Camargues). L'origine indirecte d'*argue*, qui ne s'expliquerait que par une altération profonde du radical, serait toutefois en contradiction flagrante avec le sentiment admis, conformément auquel *argue* émanerait d'*Ager*. C'est par cette dernière interprétation que l'on décompose les noms de Vendargues — Aimargues — Calargues — Vé-

rargues — Baillargues — Saturargues — Valergues
— Marsillargues — Sussargues — Guzargues —
Busignargues — Lansargues — Candillargues (Hérault). Mais, échappons vite à la science oiseuse
des étymologies ; laissons les momies dormir leur
sommeil. Quand bien même nous parviendrions à
trouver, en fouillant sous leurs bandelettes, le nom
jusqu'ici demandé en vain à l'histoire, quel profit
retirerait de cette découverte la civilisation du XIX⁰
siècle ? — La Basse-Camargue, celle comprise dans
la circonscription territoriale du canton et de la
commune des Saintes-Maries-de-la-Mer, offrant,
dans sa parfaite unité, un caractère complétement
original, inconnu du reste de la France, nous nous
bornerons à nous occuper d'elle comme physionomie, comme régime agricole, comme esprit public.
On comprend que la Haute-Camargue, placée plus
près du courant des idées actuelles, a dû se modifier
davantage sous leur influence, et qu'étant en rap-
ports immédiats avec la ville et le territoire d'Arles,
elle participe, dans une plus grande mesure que
la Basse-Camargue, de leurs paysages et de leurs
mœurs. Le dernier groupe habité de la Haute-
Camargue, relativement à la Basse, est Albaron.

III.

ASPECTS.

La Basse-Camargue emprunte une condition de physionomie, d'existence et de teinte, à toutes les natures silencieuses et recueillies. Elle a la tristesse des savanes américaines, la monotone horizontalité de la Sologne, le ciel, le mirage, les surfaces incultes, les couches profondes d'humus, les eaux dormantes et les eaux canalisées, les gourbis, les oasis embaumées et suaves, l'insalubrité, les disséminations coloniales de la Mitidjah, cette plaine si fertilisée et si fertilisable encore de l'Algérie ; elle a le calme, les mosaïques et les entrelacs d'étangs, les mornes paysages de la Dombes, la solitude, la végétation décousue, la *mal'aria*, les grandes harmonies de l'*Agro Romano*. Elle rappelle la campagne de Ravennes par ses groupes isolés de pins-pignons, ses petits bois de conifères, ses ensablements, sa couleur. Elle représente les maremmes de la Toscane par ses efflorescences salines et ses steppes ; les marais Pontins, par ses bœufs sauvages, ses roselières, ses plantes paludéennes, ses flaques aqueuses, ses réseaux de fossés, la langueur et la stagnation de son esprit public. Elle tient de la Hollande par ses endiguements, de l'Espagne par sa viabilité incomplète et précaire, par l'absence toale d'auberges répandues sur une surface où l'hospitalité des mas et des châteaux peut seule ouvrir généreusement ses tentes devant le voyageur attardé. Elle a communs, avec le Morvan, son régime agricole, où la grande propriété foncière et la grande culture sont souveraines, où les domaines sont épars sur une vaste étendue de terrain, et où les centres de population massée manquent ; avec l'Afrique, enfin, ses mœurs plus primitives encore que ses formes matérielles, son langage, la coiffure arlésienne de ses femmes, élégante imitation du turban oriental. — Plus la Basse-Camargue se rapproche de la ville des Saintes-Maries-de-la-Mer, plus aussi elle présente, franchement exprimé, l'ensemble des participations et des analogies que je viens d'énumérer. Plus particulièrement encore dans cette région que dans le reste de la Provence il y a de la vie, du sang, des habitudes, du type et de la forme arabes.

IV.

AGRICULTURE.

Le sol de la Basse-Camargue, par suite des couches de vase que les alluvions ont successivement déposées dans son sein, des détritus animaux et végétaux en décomposition qu'il renferme, et des influences alternatives de chaleur et d'humidité qui s'exercent sur lui, offre une puissance peu commune de végétation. Une foule de domaines, de mas et de bâtiments ruraux servant à leur exploitation, s'éparpillent, à une distance plus où moins considérable les uns des autres, sur cette plaine uniforme, d'autant plus déserte et plus muette que l'on s'approche davantage de ses limites méridionales. Quelques châteaux et quelques manoirs importants diamantent, toutefois, le solitaire horizon de la Basse-Camargue, parmi lesquels il est juste de citer le château Davignon, ancien siége de la Société agricole de la Basse-Camargue, et le château de Chartrouse, situé dans les parages du Grand-Rhône.

Le château Davignon, ainsi désigné du nom de la famille qui le construisit, centre de la plus vaste propriété territoriale du pays, a appartenu à feu le lieutenant général comte Miollis. Il forme, tout près du Petit-Rhône, la plus belle oasis des environs, et est le seul qui soit constamment habité par son propriétaire. Cette circonstance permet à cette noble demeure de donner à son hospitalité une extension et une permanence incompatibles avec les conditions du manoir où les maîtres ne sont point sédentaires.

Le sol de cette plaine si faiblement déprimée jusqu'au golfe du Lion, est profondément imprégné de sel marin. Les lois de la capillarité, et surtout l'action évaporatoire et attractive exercée de proche en proche sur les molécules du terrain par le soleil qui absorbe et volatilise l'eau en dissolution, et laisse le précipité salin à la surface, tendent à faire monter sans cesse le sédiment marin du centre, point de rencontre du sol camarguois avec le niveau de la mer, à la circonférence cultivable et cultivée. La zone de la salure n'est pas limitée dans la Basse-Camargue ; mais la saturation saline y est plus complète, et l'infiltration va toujours croissant au fur et à mesure que l'on s'avance vers le littoral méditerranéen. — De là ces efflorescences salines couvrant la berge des chemins, cette éruption de taches blanches contrastant avec la verdure des luzernières et des céréales adjacentes, et qui sont à la surface d'une terre suintant le sel ce que les aphtes sont à la membrane muqueuse, et les dartres farineuses à la peau.

La saturation du sol camarguois par l'eau marine s'explique et par la longue immersion de cette île dans la Méditerranée, et par les infiltrations résultant des harmonies de l'équilibre et du niveau, favorisées par la perméabilité du terrain.

C'est ici l'occasion de nommer les quatre salines de la Camargue. Il en existe deux dans le voisinage du Grand-Rhône : celles de Badon et de la Vignole, et deux dans la Petite-Camargue : celles de Mourgue et de la Larbières.

Tout le pays est sillonné de digues préservatrices des inondations, de roubines (1) servant à distribuer l'eau potable aux hommes et aux animaux, et l'eau douce propre à l'arrosage des jardins. Ces canaux artificiels communiquent avec le Rhône. La Basse-Camargue, par ses réseaux de découpures et de bourrelets artificiels du sol, présente donc un aspect unique en France. Dans une telle contrée, il est aisé de comprendre que l'art de l'agriculteur doit consister surtout à alterner, avec opportunité et vigilance, les assèchements et les arrosages des terres susceptibles de les recevoir, à utiliser la vidange et les sédiments, à atteindre ce but depuis longtemps désiré : de dépouiller le sol de ses principes salins par le passage d'une submersion bienfaisante et réglée, d'opérer une sorte de lessivage

____

(1) C'est l'altération du mot *robine*, d'où vient le terme robinet.

des terres, et à tirer parti de l'eau marine dans les pêcheries. Là sont les leviers, les moyens, les secrets de l'agriculture et de l'avenir dans la Basse-Camargue.

Le poisson est, pour cette plaine, une cause féconde de richesse. Les étangs répandus dans la Basse-Camargue, se partageant en réservoirs salés et réservoirs d'eau douce, forment les récipients de toutes les eaux d'écoulement, et contiennent beaucoup de poissons qui y viennent naturellement ou de la mer par les *Graus*, ou du Rhône par les *Roubines*. De là ces nombreux postes ou cabanes de maîtres pêcheurs attachés aux pêcheries, dont les poissonniers transportent les produits sur les marchés voisins. La Basse-Camargue alimente, en majeure partie, de poisson la Provence et le Bas-Languedoc, et, dans un avenir peu éloigné, elle défrayera en ce genre la ville de Lyon elle-même, tête fluviale et véritable reine de la vallée méditerranéenne du Rhône. — Car, on le sait, la chair flasque, molle et vaseuse des poissons d'étargs, entre de moins en moins dans la consommation lyonnaise depuis que les chemins de fer de Lyon à la Méditerranée et de Paris à Lyon font circuler avec tant de rapidité les poissons fermes, substantiels, peu chargés d'arêtes, des deux mers. Et puis, les étangs de la Dombes, cette ancienne mère nourricière de la ville de Lyon, au point de vue ichthyologique , deviennent rares par suite de l'abandon, plus général que jamais, du mode d'assolement par l'inondation dans cette intéressante partie de la France. — Le loup, le mulet, la sole, l'anguille, le brochet, la carpe, etc., concourent à peupler les pêcheries de la Basse-Camargue.

La risoculture fut inaugurée, d'abord, au domaine de Paulet, situé au bord et près des embouchures du Grand-Rhône, et y réussit pendant quatre années consécutives. Abandonnée sur ce point par suite de circonstances étrangères aux conditions de culture, elle fut reprise dans la terre du château Davignon en 1847, et détruite par les inondations désastreuses de 1856. Les rizières du château Davignon s'étendaient près des étangs du Valcarès et Malagroy, et embrassaient 350 hectares soumis à l'assolement triennal. Les riz fournis par cette exploitation rurale étaient d'une qualité supérieure et ont valu, à l'époque de l'exposition universelle de 1855, une médaille de 2me classe à leur producteur, qui en a également obtenu une pour son blé. Dans la Haute-Italie, terre classique des rizières, je n'ai jamais mangé de *pilon* aussi parfait que ceux préparés au château Davignon avec le riz de la Camargue.

La risoculture était un bienfait pour la Basse-Camargue, par suite de l'action désalante qu'elle exerçait sur les terrains consacrés à ses produits.

Si le cheval errant est commun dans la Basse-

Camargue, il n'en est pas de même du bœuf sauvage, que l'on ne rencontre plus que dans la Petite-Camargue.

Les principaux arbres fruitiers de la contrée sont: le poirier, l'abricotier, l'amandier, le figuier, l'olivier, le grenadier, le cerisier; elle renferme tous les arbres du centre et du midi de la France. Dans quelques jardins croît, avec une admirable énergie végétative, le néflier du Japon. La vigne trouve ici un sol favorable à sa culture; le vin qui en résulte est liquoreux et coloré; mais l'oïdium a, depuis quelques années, forcé les Camarguois à réduire la production œnologique.

Le tamarix qui végète dans la zone de la salure, l'orme, l'aube (peuplier blanc), le platane, le pinpignon ou pinier (*pinus pinea*), qui croît dans les parties sablonneuses les plus voisines de la mer, le frêne, le peuplier d'Italie associé aux deux branches du Rhône, concourent à la variété des arbres forestiers répandus sur la surface de la Basse-Camargue.

Le blé, l'orge, l'avoine réussissent ici aussi bien que les produits maraîchers concentrés dans les jardins servant aux besoins des domaines.

La luzerne est cultivée sur une grande échelle en ce pays. Dans les années qui ne sont pas trop sèches, on coupe cet excellent fourrage jusqu'à sept fois dans le cours d'une campagne. Les prairies artificielles à une coupe, telles que vesces et trèfle incarnat, prospèrent également dans la Basse-Camargue.

Les prairies paludéennes résultant de dépressions du sol sont vouées, sous le nom de *roselières*, à la culture du roseau, dont les animaux sont avides, et qui servent à former la toiture, et, souvent, les cloisons intérieures des bâtiments ruraux, et, notamment, des cabanes pour les bergers et les troupeaux. On introduit l'eau douce dans les prairies paludéennes à partir de septembre, et on les assèche à la fin de juin pour y mettre la faux. Les herbes des roselières sont fort recherchées par les pays voisins, aux animaux desquels elles fournissent et pâture et litière. Indépendamment des prairies paludéennes, il existe en Basse-Camargue des dépressions du sol qui ne sont arrosées que par les eaux pluviales qui s'y rendent des terres circonvoisines. Il y croît des joncs et des herbes grossières, utilisés dans la nourriture des chevaux errants, la fabrication des chaises communes et des épandages sur les terres arables, pour les garantir des ascensions salines.

La Camargue contient environ 30 mille hectares de terres incultes et de flaques improductives. Ces parties même de sa surface produisent spontanément des herbes fort nourrissantes pour les bêtes à laine, qui viennent, en quittant les montagnes des Alpes, s'hiverner et perfectionner leurs toisons dans la Basse-Camargue.

On comprendra aisément que cette contrée où règne traditionnellement la vieille pratique de la transhumance, c'est-à-dire du passage des bêtes ovines des plaines de la Camargue et de la Crau, cette Arabie Pétrée de la France, dans les pâturages alpestres (novembre et mai), que cette terre, ainsi prédisposée aux ascensions salines, ainsi cousue de digues (*téradons*), de roubines, de graus, d'étangs, de prairies paludéennes, doit être soumise à un régime agricole particulier, susceptible de modifications et de progrès.

La Basse-Camargue est d'une fertilité vraiment fabuleuse en quelques endroits. Près de la ville des Saintes-Maries, il n'est pas rare de trouver des champs sans cesse ensemencés en blé, quelquefois pendant cinq ou six années consécutives, sans recevoir ni repos, ni fumure, une récolte faisant immédiatement place à une autre récolte de même nature. — Et ce fait se produit, à l'état isolé, dans les conditions de l'oasis du Désert, précisément sur la portion la plus dénudée, la plus vivement pénétrée par l'élément salin de toute l'île.

La Basse-Camargue, pour fournir un spécimen de la plus haute production à laquelle une terre puisse arriver, n'a besoin que d'être en demeure de se débarrasser facilement, par un écoulage bien entendu, de ses eaux surabondantes, de recevoir et distribuer à ses cultures et à ses herbages les irrigations indispensables dans une contrée où les vents de nord et de nord-ouest règnent parfois pendant cinq ou six mois consécutifs, avec une obstination désespérante.

Le blé récolté dans ce pays, on le sait, rivalise avec les *richels* de Naples.

C'est le cas, ici, de parler rapidement du syndicat. des associations territoriales et de la société Henry Merle et Compagnie, qui siége à Lyon. Arles-sur-Rhône est le centre du syndicat général des chaussées de la Camargue, fonctionnant avec autant de patriotisme que d'intelligence et de zèle, sous la présidence de M. de Perrin-Jonquières. Il existe dans cette ville une foule d'associations territoriales, dont voici les principales : 1º celles du Japon (entretien d'un canal navigable du Grand-Rhône aux salines de la rive droite); 2º de la Roubine de Fume-Morte (flumen mortuum), qui distribue l'eau potable à divers mas (mansio); 3º de la Roubine de Triquette; 4º de la Corrèze, se proposant toutes le même but; 5º de la grande vidange (curage de plusieurs roselières et marais importants); 6º des Saintes-Maries, embrassant l'entretien de la roubine qui alimente cette ville d'eau douce et les travaux de défense qui la protégent contre l'invasion de la mer, endiguements et chaussées. La société industrielle Henry

Merle et Compagnie, a pour but la fabrication de produits chimiques, dans la composition desquels entrent les divers sels contenus dans les eaux de la mer. Les établissements de cette Compagnie sont situés sur les bords de l'étang de Giraud, communiquant avec le Grand-Rhône par un canal navigable.

Des travaux remarquables s'exécutent sous les ordres des ingénieurs de l'État, aux embouchures du Grand-Rhône, consacrés à l'amélioration des passes pour la navigation, et coïncident avec ceux de la digue à la mer, également entrepris sous la direction d'un ingénieur hydraulique de l'État. Le quartier général du personnel occupé à ce grand ouvrage est aux Saintes-Maries.

Il est à remarquer que c'est précisément dans les parties les moins peuplées de l'île que l'on vit dans la surabondance du gibier et du poisson, car ce pays est la terre promise des chasseurs de la macreuse et des pêcheurs.

La Basse-Camargue a presque littéralement les mêmes ennemis sérieux que l'Algérie : la rareté des bras, la fièvre périodique. sévissant surtout dans les mois d'août, de septembre et d'octobre, l'affligeante insuffisance d'eau complétement salubre. La Providence lui fournira-t-elle, un jour, les moyens de les désarmer? Cette plaine peut, par une colonisation bien entendue, par le régime hygiénique sévère prescrit aux colons de l'Afrique française, par une canalisation plus large tendant aux deux bras du Rhône, par un système nouveau de citernes, où la déperdition soit presque nulle, s'aider elle-même à combattre ses maux, et le Gouvernement ne manquera pas de la seconder dans cette lutte.

Toutefois, il ne faut pas s'exagérer les influences productives de la fièvre dans l'île camarguoise. Ces influences (et cette réserve est applicable aux Saintes-Maries-de-la-Mer), soumises, d'ailleurs, à une foule de circonstances hygiéniques variables, aux saisons, sont constamment et avantageusement combattues par la prédominance du tempérament bilieux-sanguin, en Provence, sur le tempérament lymphatique presque inconnu ici, par la saturation saline de l'atmosphère, par la sécheresse et la violence des vents qui balayent la surface du pays et y renouvellent, avec une incroyable rapidité, la colonne d'air respirable, en dissipant les miasmes qu'elle pourrait contenir. — Ce sont autant de causes énergiques de résistance à la *mal'aria*.

La Basse-Camargue, où le *colmatage* (dépôts sédimenteux produits par les eaux) trouve un obstacle dans les chaussées, ou *téradons*, ne peut, faute de la main-d'œuvre nécessaire, inaugurer certaines cultures sarclées, qui prospéreraient sur son sein. Mais elle s'apprête à tirer un parti utile de l'acclimatation de la canne à sucre de la Chine, vulgairement appelée sorgho sucré, et à extraire l'élément saccharin de ses produits.

Les mœurs rurales de cette contrée — en faisant la part des influences climatériques — sont douces comme celles d'un peuple de pasteurs et de pêcheurs, hospitalières surtout. Par suite de leur éloignement des foyers de civilisation, l'esprit de ses habitants ne s'est pas encore développé au préjudice de leur cœur, plus primitif et plus vrai que sous les courants mystificateurs et desséchants du progrès. — Nous nous trompons étrangement, à mon sens, sur la signification pratique du mot *civilisation :* dans les âges primitifs règnent la perfection du cœur et la barbarie de l'esprit, concurremment; dans les temps prétendus civilisés, au contraire, le progrès et le développement de l'esprit engendrent la barbarie du cœur. — Quelle est de cette double condition de l'humanité la meilleure?........

Le Plan-du-Bourg, situé entre la Crau et le Grand-Rhône, et une assez vaste région languedocienne s'étendant sur la rive droite du Petit-Rhône, sont parfaitement analogues à la Haute, à la Basse et à la Petite-Camargues.

Le canton des Saintes-Maries est le moins peuplé de l'Empire immédiatement après celui de Barcillonnette (Hautes-Alpes), qu'il ne faut pas confondre avec Barcelonnette, des Basses-Alpes.

V.

TABLEAU DES SAINTES-MARIES.

Nous voici arrivé au paysage le plus insolite, le plus extraordinaire, le plus primitif que puisse présenter le territoire français, dans une sorte de Thébaïde de steppes, de *sansouires* (1) et d'étangs.

Figurez-vous une campagne muette, délaissée, uniforme et pâle dans son ardente couleur, dans laquelle l'étincelant soleil du Midi ne rayonne que sur des flaques paludéennes, ne déteint que sur de maigres tamarix et des groupes de salicornes (2), entremêlée, par ci, par là, de quelques petits coins de terre d'une fertilité phénoménale ; une campagne saturée de sel, d'où les mas et les domaines se sont de plus en plus éloignés ; et, au fond de cet étrange paysage, qui rappelle la Judée par sa tristesse, et les Landes par sa couleur, un assemblage de maisons servant d'abris à la seule population

----

(1) La *sansouire* est une vaste efflorescence de sel faisant tache blanche sur le terrain ; elle produit l'effet miroitant de la gelée blanche. — C'est une véritable squammosité saline.

(2) L'*engane* compose surtout ces touffes. Cette plante appartient au genre des salicornes, famille des chénopodées.

massée de la Basse-Camargue, et rampant aux pieds d'une imposante église, vigie de la mer. — C'est la petite ville des Saintes-Maries-de-la-Mer, caressée par la brise du large, posée sur ce sol, sans préparation, sans adhérences extérieures, sans accompagnement d'arbres et d'ombrages, ou de dépendances, sans dégradations de saillies. Sa silhouette échappe presque à la vue, tant la cité est déprimée et basse, tant elle est absorbée par l'austère édifice religieux qui s'élance de son sein, et joue, — toute proportion gardée — dans l'ensemble des constructions infimes composant l'humble cité, le rôle dominateur et souverain de la cathédrale dans l'horizon d'Amiens. — C'est un géant dans le camp des Lilliputiens. — Au faîte de ce monument se dresse une tour mâle et énergique comme lui, véritable phare de la Basse-Camargue, visible de tous les coins de sa surface, qui semble le symbole de cette nationalité, et contraste, au delà de toute expression, avec la tribu languissante, assoupie, fiévreuse, qui la compose. — Hâtons-nous, pèlerins, de franchir le pont négligé d'une roubine, et de pénétrer dans ce milieu le plus oublié, le plus inconnu, et, à mon sens, le plus curieux de l'Empire français.

Que nous font à nous, observateurs, à nous, poëtes du cœur et de la vieille France, les cités où coule à pleins bords cette désolante monotonie de politesse et d'alignements, que l'on appelle la civilisation moderne? — N'est-ce pas tout un songe réalisé, tout un trésor, que la découverte d'une ville française, sanctuaire du passé, attardée de trois ou quatre siècles dans les idées et les formes nouvelles, où la coutume, le principe de respect, l'usage, le préjugé, le *statu quo*, la routine, le sens patriarchal, se sont conservés intacts; où l'on est sûr de ne rencontrer ni innovations, ni commis-voyageurs; où les mœurs sont encore plus éteintes et plus vieilles que les choses; où l'on trouve toutes les vertus, tous les maux et les vices populaires du moyen âge : l'hospitalité instinctive, la foi, la dévotion superstitieuse, la simplicité, l'esprit de famille, la sérénité du cœur, la passion, les goûts libidineux et sensuels, la paresse, la misère, la fièvre, les habitudes molles, l'avidité, etc? — N'est-ce pas la plus précieuse exception dans la règle, qu'une ville décrépite, délabrée, irrégulière, ne sachant rien de ce qui se passe dans le siècle, sans relations avec le reste de la France, encore agenouillée, comme sur un tombeau, dans la tradition, les souvenirs et la légende? — Que les raisonneurs et les philosophes l'appellent rétrograde et sauvage, s'ils veulent; moi, je l'adore comme un tabernacle de placidité, de piété et de paix, où l'âme se recueille, s'assoupit et se repose. Et puis, il y a dans la demi-barbarie un parfum poétique,

des vertus et des harmonies préférables, peut-être,
à toutes les conventions sociales, à tous les progrès
matériels des civilisations avancées. J'ai déjà effleuré cette question et touché cette corde. Plusieurs types humains résument et expriment cet
horizon, ce lieu : ils en sont comme la personni-
fication. Parmi tous ceux qui viennent se réfléchir
dans ma mémoire, j'ai toujours présent à la pensée
l'excellent *Tapage*, modèle de loyauté, d'intégrité,
de franchise, qui, par stature et son tempérament
robuste, semble bien mieux participer de l'église
des Saintes-Maries que de leurs maisons.

La race est très-belle chez les Saintines particulièrement, et la richesse de leur sang concourt
à neutraliser chez elles l'influence fébrile qui plane
sur leur horizon. A l'instar des Napolitaines et des
Mauresques, elles réunissent les deux segments de
leur gorge en un seul profil, très-saillant, très-
harmonieux, ferme comme le marbre de Paros.
Elles portent la coiffe arlésienne avec son large
bandeau de velours. Les vieilles femmes indigènes,
comme les vieilles femmes d'Arles, s'enveloppent
la tête dans un fichu (1) de mousseline laine mêlée
de bourre de soie, d'un jaune rougeâtre, et qui
déborde par franges inégales sous la coiffe. Tout

----

(1) Ces fichus se fabriquent à Aix-en-Provence.

cela vient du courant et des traditions de l'Orient. Le tissu qui forme ce fichu se nomme *cambrésine*. Elles poussent jusqu'à la recherche hollandaise l'amour de la propreté dans le ménage, élément si utile de salubrité.

La ville des Saintes-Maries nous éloigne, autant qu'une vieille cité d'Afrique, des formes architectoniques stéréotypées et convenues qui se reproduisent uniformément en France, depuis que l'invasion des idées de Paris y est devenue dominante et générale. Ce que vous voyez ici ne ressemble pas à ce que vous avez vu ailleurs ; vous êtes dans un autre monde, dans un autre âge, dans un village inexploré de la terre de Sabine ou de l'Ombrie, si vous voulez. Comme à Tunis, figuiers s'entremêlant aux maisons, désordre et confusion dans le plan, ruines, assemblage fortuit de petites rues mal pavées, où l'éclairage public est inconnu, cousues d'étroites et humbles demeures, dont les murailles sont comme trempées dans la saumure, somnolentes ou endormies comme les tombeaux d'une nécropole, éclatantes de blancheur, toutefois, sous le linceul de lait de chaux, dont les races arlésienne et camarguoise partagent l'amour avec tous les peuples de l'Orient. — Vous entrez dans les Saintes-Maries, et une sorte d'impasse se présente devant vous, par rapport au chemin de moyenne vicinalité n° 9, tendant d'Arles (Trinquetaille) à ce

lieu. L'emplacement d'une foule de masures aban-
données ou détruites est encore marqué sur le sol
par quelques pans de murs ou par une haie négli-
gée de pourpiers de mer (atriplex halimus), formant
clôture.

Les Saintes-Maries ont le titre de ville et un bla-
son dont les métaux et les émaux n'étant point hé-
raldiquement déterminés ne sauraient être définis
avec précision. Deux vierges portées sur une na-
celle, au milieu de la mer, sont représentées dans
ces armoiries, qu'entoure la devise :

NAVIS . IN . PELAGO

Ce lieu est ancien et, probablement, antique, si
l'on conclut de divers fragments archéologiques
découverts dans son enceinte, et surtout de l'ins-
cription latine retrouvée et restaurée par M. Tou-
louzan (*Statistique des Bouches-du-Rhône*, par le
comte de Villeneuve, tome 2, page 1126.) Le premier nom parvenu jusqu'à nous, sous lequel on
l'ait désigné, est celui de *Villa de la Mar*. Dès le
XIIIe siècle, on l'appelait Notre-Dame-de-la-Mer.
Le nom actuel des Saintes-Maries-de-la-Mer a défi-
nitivement prévalu. Autrefois, le Petit-Rhône, dont
le lit est encore apparent dans le *Rhône-Mort*, cou-
lait presque sous les murs de la cité.

Voici comment s'est reformé, dans le moyen
âge, le centre de population des Saintes-Maries.

Les saintes patronnes, dont l'on trouvera plus bas la touchante légende, avaient été inhumées près d'une source qui les avait désaltérées pendant leur vie, et le lieu de leur sépulture resta ignoré jusqu'au temps du bon roi Réné. Longtemps après la mort de ces vierges, la population du pays avait disparu, et il ne restait qu'un ermite près de la source miraculeuse. Un comte de Provence (Guillaume Ier, fils de Boson Ier), résidant à Arles, se livrant au plaisir de la chasse, vers l'an 981, rencontra cet anachorète qui lui dit avoir eu une révélation, lui montrant le tombeau des saintes, près de la source. Le prince ordonna la construction, sur cet emplacement, d'une église en forme de citadelle, afin qu'elle pût résister aux corsaires qui infestaient la côte. Il fit tracer autour d'elle un grand fossé et accorda des priviléges à tous ceux qui viendraient bâtir des maisons entre le temple et le fossé. Des bergers de l'intérieur et des pêcheurs du littoral répondirent à cet appel. — De là l'origine de la cité au moyen âge. — Ces priviléges s'augmentèrent dans une mesure considérable sous les successeurs de Guillaume. Sous la reine Jeanne, Notre-Dame-de-la-Mer avait une vigie pour observer les navires du haut de la tour de l'église et faire les signaux. Les portes de la place se fermaient avec soin, et on y postait des sentinelles qui devaient, à certaines heures de la nuit, crier aux habitants de faire bonne garde. Mais ce fut surtout au roi René qui visita la Ville-de-la-Mer dans des circonstances dont je parlerai en décrivant son église, que cette cité dut son importance. Ce souverain l'affectionna et la protégea d'une façon toute particulière.

Jusqu'à la révolution de 1789, la ville des Saintes n'a supporté d'autre charge que la dîme et le droit de *lods*. Elle possédait un consulat, un juge-viguier, un hôpital, une confrérie de pénitents, trois notaires. Par arrêt du 13 juillet 1397, de Louis II, il était prescrit au *bayle* de n'exécuter aucune lettre *taxée* par le juge de Tarascon, à moins que celui-ci ne vînt juger en personne en la Ville-de-la-Mer.

Aujourd'hui, cette petite cité, dont la dépopulation continue, est le siége d'une justice de paix et d'une cure. Elle a une brigade de gendarmerie, une lieutenance des douanes, un bureau de distribution des postes, un syndicat de la marine dépendant du sous-commissariat d'Arles, une école communale primaire pour les filles, dirigée par les Sœurs de la Présentation. Elle est momentanément la résidence du personnel chargé de surveiller et d'exécuter les travaux de la construction de la grande digue à la mer, et continuera probablement à être celle des personnes chargées de pourvoir à son entretien. Les Saintes-Maries ont un marché quotidien où les mas les moins éloignés d'elles envoient leurs produits, un médecin cantonal et communal et deux gardes-champêtres; mais elles ne possèdent plus de notaire, et leur percepteur, naguère fixé dans leur sein, réside actuellement à Arles-sur-Rhône.

Cette ville, située au 43° 27' 1" de latitude et au 2° 5' 33" de longitude, offre la figure circulaire du bouclier de Minerve, dessinée encore par les débris de son enceinte de murs militaires, détruits au couchant et au nord, surtout. Sa population agglomérée — je l'ai dit au début de ce travail — est de 543 habitants. Mal percée, mal aérée, elle ne présente à l'œil du visiteur que deux rues principales ayant conservé leur pavé primitif : la Grand'-Rue, qui tend de l'est au couchant, et la rue des Pénitents, se dirigeant du sud au nord. On y compte environ 150 maisons, parmi lesquelles les seules relativement notables sont : la caserne des douaniers, contenant un lieutenant et huit hommes, tout récemment bâtie hors de l'enceinte, la maison Daumas, l'Hôtel de Ville, le presbytère, la caserne de gendarmerie, la maison Valette, la maison Dutruc, la maison Beaudin, celle de l'école des Sœurs. La justice de paix n'a point de prétoire, et le magistrat est obligé de tenir ses audiences dans la salle municipale. Sur le territoire communal des Saintes-Maries, comprenant la Petite-Camargue, il existe sept casernes de douaniers.

Les habitations qui concourent à former cette cité sont, en général, très-basses (la caserne de gendarmerie exceptée) et très-étroites. Elles ont communément leur petit pignon sur rue, comme les villes flamandes. L'intérieur de ces maisons n'est point aussi négligé qu'on le croirait, et elles sont, en général, aussi blanches, aussi soigneusement badigeonnées au lait de chaux au dedans qu'au dehors.

J'ai oublié de faire remarquer que ce n'est pas seulement par la coupe de leur figure, le regard, les profils, la coiffe assujettie par un véritable bourrelet de ruban de velours, par la jupe ample, dense et courte, bien antérieure à la *crinoline* et bien plus élégante qu'elle, par le futil fichu jeté avec grâce sur le cou, par le mouchoir de *cambrésine*, dont les vieilles femmes s'enveloppent la tête, que les Saintines ressemblent aux Arlésiennes. Elles leur ont emprunté même les objets relatifs au mobilier des ménages. Ainsi, vous retrouvez aux Saintes la crédence d'Arles, meuble domestique suspendu contre la muraille, image affaiblie et modifiée des étagères algériennes.

Les Saintines ont, en général, de l'intelligence et de la verve, une parole vive et imagée. Un des plus honorables enfants de Notre-Dame-de-la-Mer, M. Daumas fils, est l'expression la plus complète de ces heureuses organisations. A des connaissances variées, précises, il unit une imagination brillante, des vues sérieuses, un dévoûment inflexible à son pays. — Ceci nous pousse à effleurer le naturel provençal, si méconnu dans le Nord. Le Provençal n'a pas la politesse fade, les formes étudiées, froides, monotones et communes, propres aux habitants de la zone parisienne. Son verbe est brusque, son écorce rude parfois ; mais il est franc, loyal, ardent comme son soleil ; il a un fond parfait, le cœur sincère et chaud. Extrême dans ses antipathies, il est extrême dans le dévoûment. Sur toutes les voies, il marche carrément, et l'on peut se fier, sans réserve, à sa parole, à son amitié. Le Provençal, plein de respect pour les traditions, le culte, le sentiment religieux, est un être significatif et caractérisé, adorant son pays et luttant avec énergie contre tous les courants d'idées qui tendent à le décolorer et à lui ravir jusqu'à la dernière trace de sa vieille physionomie. — Revenons à Notre-Dame-de-la-Mer.

Cette ville est malheureusement (dans les limites et sous les influences neutralisatrices du fléau indiquées ailleurs) sujette à la fièvre intermittente, et ne reçoit l'eau potable du Petit-Rhône que dans des conditions précaires. Mais la fièvre — nous ne saurions trop le redire — ne déprécie point profondément ici, comme en Sologne et en Bresse, les principaux fluides concourant à la vie, dans les appareils de leurs sécrétions les plus harmoniques et les plus normales. Les moyens les plus efficaces pour combattre ces maux et arrêter la dépopulation du pays, c'est de favoriser, autant que possible, les écoulages et l'assèchement autour de lui, et de lui fournir régulièrement, en quantité suffisante, l'eau douce salubre que les Saintins conservent dans leurs jarres domestiques, mais qui ne leur arrive souvent que croupie dans la vase de la roubine; c'est de faire fleurir et de propager parmi eux une hygiène locale sérieusement observée.

Il est vivement à souhaiter que la plage des Saintes-Maries, si favorable aux bains de mer, devienne célèbre et attire de nombreux baigneurs dans la ville. Cette plage mérite d'autant mieux une préférence marquée sur beaucoup d'autres, que son voisinage du Petit-Rhône permet aux baigneurs de s'immerger dans l'eau marine au degré de salure qui leur convient. Que les amateurs de bains de mer ne craignent point de subir, dans ce milieu, le sort de la fille et de la femme de Loth; qu'ils affluent aux Saintes : ils n'y seront point transformés en *statues de sel;* ils y puiseront, au contraire, la vigueur musculaire et la santé.

Un canal de communication entre la branche occidentale du fleuve et les étangs salés serait une création fort utile pour mettre immédiatement les bateaux pêcheurs en contact avec le rivage.

La mairie saintine avait autrefois dans ses archives le *Livre noir*, auquel nous ferons bientôt des emprunts, et qui a disparu ; il ne lui reste que le *Livre rouge* et plusieurs pièces importantes.

Cette ville va être plus que jamais protégée contre la mer par un solide et admirable endiguement. et son édilité s'est tracé un plan d'améliorations importantes. Les rues seront repavées ou macadamisées ; des pins-pignons seront plantés autour de la cité ; la place aboutissant à la rue des Pénitents, et sur laquelle s'élève une croix rogatoire, sera également complantée d'arbres à feuilles persistantes ou éphémères ; un nouvel hôtel de ville centralisera la municipalité, le prétoire de la justice de paix, etc., et une maison d'école-pensionnat pour les garçons s'élèvera sur l'emplacement de l'ancien hôpital détruit.

Ces inaugurations peuvent régénérer le pays qui, situé dans un horizon perdu et si loin des yeux du Gouvernement, mérite, cependant, à tant de titres, la sollicitude et les bienfaits de l'État. — Hâtez-vous donc, observateurs, pèlerins et poètes, d'aller saisir le tableau de cette ville unique dans son assiette, unique dans ses aspects, unique dans ses mœurs, avant qu'il n'ait été modifié par une restauration désirable, d'ailleurs, au point de vue humanitaire, économique et civilisateur. et d'observer cette population si énergique encore dans son allanguissement.

La ville des Saintes-Maries n'est séparée de la mer que par environ 150 mètres d'une zone sablonneuse et complétement improductive. — Mais il est temps d'aborder la basilique de la cité, cette vieille sentinelle du passé de Notre-Dame-de-la-Mer. Occupons-nous tout d'abord de la pieuse légende qui l'enveloppe de la plus poétique auréole.

VI.

LÉGENDE.

Les légendes catholiques se ressemblent sur beaucoup de points. Le *Graulli* de Metz n'est autre chose que la Tarasque de Tarascon-sur-Rhône. Les images miraculeuses de la sainte Vierge, trouvées dans un marais ou au pied d'un saule, concordent à Bourg-en-Bresse, Pont-de-Vaux et Montluel (Ain), Villefranche-sur-Saône (Rhône), etc. L'histoire de notre saint Ennemond lyonnais se retrouve presque aux Saintes-Maries-de-la-Mer.

La tradition religieuse la plus vivifiante pour le cœur des populations rapporte les circonstances suivantes : A l'époque des persécutions, les Juifs forcèrent Marie Jacobé, ainsi nommée de son fils saint Jacques-le-Mineur, et Marie Salomé, mère de saint Jacques-le-Majeur et de saint Jean l'Évangéliste, accompagnées de leurs servantes Marcella et Sara, Lazare et sa famille, et plusieurs disciples du Christ, à s'embarquer sur un navire sans voiles et sans gouvernail, qu'ils lancèrent à la mer dans l'intention de les faire tous périr. Le bâtiment, conduit providentiellement, prit terre sur l'île de la Camargue. Les saintes filles et les disciples débarquèrent sains et saufs, et, après avoir remercié Dieu, ils se dispersèrent dans la Provence pour y prêcher la foi. Il ne resta au lieu de débarquement que les deux Maries et Sara, que le manuscrit de Philipon répute avoir été femme de Pilate. Effectivement, tout ce récit est emprunté au *Livre noir*, c'est-à-dire au manuscrit composé en latin par Vincent Philipon, d'Avignon, qui l'a signé 2000 Philipon. Cette tradition relative aux saintes patronnes de Notre-Dame-de-la-Mer est confirmée, du reste, dans l'office de Sainte-Marthe des anciens bréviaires romains. Les deux Maries et leur servante vécurent quelques années dans les lieux où elles étaient miraculeusement arrivées, pratiquant mille austérités, et convertissant à leur voix angélique et douce les tribus païennes semées autour d'elles. Jacobé mourut la première, et ses deux compagnes ne tardèrent pas à la suivre dans la tombe.

En 1448, le roi René étant à Aix (Aquæ sextiæ) entendit un sermon où la légende des deux Maries fut racontée par le prédicateur. Le désir de découvrir leur tombeau s'empara alors vivement de lui, et il vint visiter l'église de ces saintes. Le souverain pontife permit la recherche, et elle s'exécuta sous la présidence de l'archevêque d'Aix (Robert Damiani), en l'absence de l'archevêque d'Arles. La fouille commença dans l'ancienne chapelle des Saintes, au milieu de la nef, et l'on trouva un canal d'eau douce conduisant à la source mystérieuse. L'invention des

dépouilles sacrées s'opéra enfin près de l'autel-ma-
jeur, du côté de l'évangile.

La translation des reliques eut un caractère au-
guste : le roi, la reine, toute la cour, le cardinal-
légat, son conseil, y parurent. Ce dernier prononça
le décret le 3 décembre 1448; le père Adhémar fit
entendre l'éloge des saintes patronnes. Le 4 décembre, les ossements vénérés furent placés dans
deux châsses de cyprès que l'on déposa dans la
chapelle haute. Les têtes furent mises dans un coffre
de noyer. Une caisse de bronze reçut les fragments
de marbre et de pierre trouvés dans la fouille, et
elle fut placée dans la chapelle basse construite par
la royale libéralité de Réné. Le légat, l'archevêque,
douze évêques, quatre abbés, plusieurs dignitaires
des chapitres, des docteurs et professeurs, le chan-
celier de l'Université d'Avignon, les trois protono-
taires du Saint-Siége apostolique et trois notaires
publics assistèrent à cette cérémonie, fêtée par le
concours d'un peuple immense venu de tous les
points de la Provence et du Languedoc. Les pièces
et procès-verbaux relatifs à l'invention et à la translation des reliques furent conservés dans le reli-
quaire.

A cette occasion, des dons considérables furent
faits par le roi à l'église, et des priviléges, des
immunités immenses accordés à la Ville-de-la-Mer.

La fête patronale des Saintes tombe au 25 mai, jour où l'église d'Arles célèbre l'office de sainte Marie Jacobé, remise au premier dimanche qui suit cette date. Elle dure plusieurs jours, et l'affluence des étrangers qui s'y rendent est si fabuleuse, qu'ils sont obligés de s'abriter hors de la ville, sous des tentes. Cette fête s'associe d'ailleurs à un touchant et populaire but de pèlerinage, et les Saintes sont particuliérement invoquées contre l'hydrophobie. Il faut voir la physionomie inspirée, il faut entendre les acclamations de ce peuple compact, serré dans le temple comme les molécules de marbre concourant à la formation d'une mosaïque, lorsque les caisses sacrées sont descendues, par la fenêtre s'ouvrant au-dessus du chœur, de la chapelle haute, dans l'église : la crainte, l'espérance, la joie, la douleur, se peignent sur ces figures, et les accents de cette masse impressionnable et vive ont une rare éloquence.

La dévotion, crédule de sa nature, assure que, le jour de la fête patronale, l'eau saumâtre du puits, dont l'ouverture est visible dans le temple, devient tout à coup douce. — C'est un peu l'histoire du sang de saint Janvier qui se liquéfie au jour anniversaire.

VII.

MONOGRAPHIE.

Le temple consacré aux Saintes-Maries, dans la ville où nous sommes, et autrefois à Notre-Dame-de-la-Mer, a un caractère aussi exceptionnel et aussi étrange que la ville sur laquelle il projette son ombre majestueuse et grave. Son type architectonique composé résulte de la combinaison et de l'association de trois ordres d'idées : c'est une église, c'est une citadelle, c'est un phare. A l'époque où la piraterie infestait le littoral et où les corsaires pouvaient incessamment, à la faveur d'une surprise, faire main-basse sur une population mal défendue et mal armée, en majeure partie composée de pêcheurs, il était utile que les pauvres habitants pussent se retrancher et s'abriter dans un temple-forteresse, construit avec la cohésion romaine.

Vic (Hérault), situé presque en face de Mireval, à peu de distance de Frontignan, et dont le paysage paludéen et fiévreux rappelle presque exactement celui des Saintes-Maries, possède une église-forteresse du même genre. Elle a conservé quelques lourds créneaux, et l'on y retrouve, sur les flancs, les grandes arcatures que nous allons signaler dans l'église de Notre-Dame-de-la-Mer.

Les matériaux employés dans la structure de

cette basilique sont la pierre de taille ; les murs, offrant le moyen appareil, ont une énergie toute étrusque. Du côté du nord, ils sont d'un ton grisonnant, qui contraste avec la couleur dorée du flanc méridional.

La façade, percée d'une porte insignifiante, bien postérieure à la fondation, s'ouvrant dans un mur lui-même tardivement surajouté et correspondant à une augmentation secondaire du vaisseau, est parfaitement stérile. A son flanc méridional s'élève une tour carrée, se renflant en porte-à-faux à sa région supérieure, armée de vastes créneaux à sa plate-forme, et contenant l'horloge communale de la ville. Au flanc septentrional est l'esquisse d'une seconde tour, moins ample, et qui n'a point été achevée. Un peu en retraite sur le mur de la façade, primitivement privée de porte au couchant, s'aperçoit un petit fronton, percé par après-coup et près du sommet du triangle, d'un *oculus* sans caractère. Trois gros corbeaux, destinés autrefois à supporter probablement un appareil de machicoulis, sont en saillie sur cette façade.

Les murs latéraux, au nord comme au midi, sont accidentés (comme à Vic) par de larges et hautes arcatures séparées de cintre en cintre par un massif contre-fort-pilier. Sur le flanc méridional est une porte murée, aux bases de laquelle apparaissent sculptés un lion et une lionne. On croit que sous cette niche le viguier rendait ses sentences. Trois petites baies ébrasées, véritables meurtrières à plein cintre, éclairent le temple sur ce flanc droit. Le flanc gauche n'en offre qu'une seule, bouchée et invisible à l'intérieur. Au sommet des murs latéraux règne un système de machicoulis formant saillie par rapport à la verticalité de ces murailles, jadis armées de créneaux qui n'existent plus, mais dont l'image se retrouve sur un tableau représentant le monument tel qu'il fut jadis. L'apside demi-circulaire est ornée d'une arcature dont les cintres, groupés par couples similaires, sont divisés à l'aide d'un pilastre. Une jolie fenêtre à plein cintre, flanquée de deux colonnettes de marbre, s'ouvre à cette région dans son axe d'orientation. Le bourrelet, ou enveloppe saillante du machicoulis, s'étend à l'apside, en y affectant une forme octogone. Au-dessus de cette apside inférieure surgit, par suite d'une gigantesque surélévation, une austère masse de maçonnerie, fermée, au levant, par une demi-courbe octogone, et présentant, au couchant, une épaisse muraille-façade en saillie et sur les deux murs latéraux et sur la région polygonale. A la place du phare on a établi, perpendiculairement à la muraille occidentale, un clocher-arcade à triple ouverture, au haut duquel s'implante une vaste girouette. Le clocher primitif était certainement la tour carrée servant à l'horloge.

La toiture se compose de dalles régulairement disposées comme celles de marbre blanc qui recouvrent les combles de la basilique métropolitaine de Milan. A l'arête, sont les restes d'une crête en pierre, fort élégante, formée de petits arcs à plein cintre entre-croisés.

Autour de l'église s'épand le cimetière communal, que, sous l'empire de considérations sanitaires toutes locales et importantes, il sera utile de transférer.

Avec l'addition qu'elle a reçue et dans laquelle le caractère primitif a été religieusement observé, l'église des Saintes, bâtie sur le plan de la basilique romaine, n'offrant pas même l'esquisse des transsepts dans sa figure, se développe sous cinq travées de voûte semi-ogivale, accusées par quatre arcs-doubleaux robustes. La nef unique est latéralement décorée par de grandes arcatures à plein cintre. Les piliers de soutenement sont carrément profilés, la voûte est en pierres de taille. Un de ces piliers a été mutilé par la dévotion des pèlerins, qui veulent tous en emporter un fragment à cause de la tradition qui rapporte que le coussin des Saintes fut appuyé sur lui. — Le puits, dont l'orifice est entouré d'une balustrade, et dont j'ai déjà parlé, se voit au milieu de la nef.

L'arc triomphal est fort développé et percé d'une fenêtre insignifiante correspondant à la chapelle supérieure. Sous le chœur, auquel on arrive par deux rampes latérales de sept marches, se trouve une *confession* bâtie par le roi Réné. Elle n'offre rien de bien ancien et de bien curieux dans son vaste espace s'étendant à toute la région orientale du vaisseau ; seulement, on y remarque les restes d'un autel byzantin primitif, simple table supportée par quatre colonnettes.

Un mur, contre lequel s'adosse l'autel majeur, a été gauchement interposé entre l'apside et le chœur pour convertir la première en sacristie. C'est donc dans ce coin qu'il faut chercher la partie inférieure de la primitive apside, ornée d'une délicieuse arcature à plein cintre, formant sept entre-colonnements. Les colonnettes sont de marbre, de granit et de pierre. Leurs chapiteaux, fouillés avec le goût antique, ont une ornementation végétale et à personnages. L'un d'eux représente le sacrifice d'Abraham. Il en est un d'un faire presque tout corinthien. D'un assez bon tableau sur bois, coupé pour cet usage, on s'est servi pour former un plancher entre l'espace inférieur et la voûte en demi-calotte fort sur-baissée de l'apside. Sur cette apside du temple se superpose la chapelle haute contenant les saintes reliques, et ayant elle-même une clôture apsidale.

Ainsi, ce précieux édifice résume l'histoire de l'Église, des catacombes, des combats et du triomphe, par ses trois sanctuaires superposés. L'un rappelle le tombeau et l'invention de la sainte, l'autre, le culte qui lui fut voué, le troisième, la translation de ses reliques.

Je ne divaguerai point, selon l'habitude des archéologues, sur les âges scientifiquement déterminés de cette vénérable basilique. Elle est, en somme, romano-byzantine par son architectonique générale, et représente l'art du XIme siècle provençal. Sa voûte, timidement ogivale, correspond à l'ère de transition, et a dû remplacer soit un *soffitto* horizontal, soit une charpente visible, comme il est arrivé pour le *concavo* de l'apside majeure, aujourd'hui voilé par un tableau.

Le trésor révolutionnairement détruit de l'église des Saintes-Maries était très-riche. Il renfermait, entr'autres curiosités, des ornements ecclésiastiques magnifiques, donnés par le roi René, et un plan en argent et en relief de la ville d'Arles. — Tout cela a disparu.

L'église des Saintes-Maries a été dessinée par l'habile crayon de M. J.-B. Laurens, secrétaire de la faculté de Médecine de Montpellier. (*Illustration du 3 juillet 1852*).

VIII.

CONCLUSION.

La Ville-de-la-Mer a conservé, comme dans un réservoir où les eaux étrangères ne s'infiltrent pas, plusieurs vieux usages populaires. J'en citerai deux : les jeunes gens donnent, le samedi-saint au soir, une sérénade, et le jour de Pâques, dans la matinée, ils passent avec des corbeilles ornées de rubans, dans lesquelles les personnes fêtées s'empressent de déposer des œufs.

Le premier jour de carème est appelé *Paillado*. Le tribunal grotesque a à prononcer non sur *Caramantran*, mais sur un mari battu qui porte plainte contre sa femme. Celle-ci prétend justifier les coups de bâton qu'elle a donnés. Cette scène très-comique excite le rire des spectateurs, qui chantent des couplets piquants sur l'époux malheureux.

La langue française est en stagnation et à l'état primitif aux Saintes-Maries, comme l'idée de bien-être et de progrès. Elle n'y est parlée que par les personnes bien élevées et les étrangers, et y est à peine comprise par les indigènes vulgaires.

Quoi qu'il en soit, mon cœur a contracté des engagements d'affection et d'intérêt avec la Basse-Camargue, avec la Ville-de-la-Mer qui la résume et

en est, pour ainsi dire, la capitale et l'expression ;
il ne les oubliera jamais.

Sur cette terre si calme de la Basse-Camargue,
dans cette région privilégiée de la salure, où le
sol tapissé de céréales naissantes, et tout émaillé
de *sansouires*, rappelle, jusqu'à un certain point,
nos prairies bressanes jonchées de nappes irrégulièrement étendues de paquerettes blanches, la vie,
après tout, est facile et douce.

Toutes les personnes choisies avec lesquelles j'ai
eu des relations en ce pays m'ont prouvé — je
puis le dire — qu'il y a encore plus de sel attique
que de sel marin dans la Basse-Camargue.

Espérons que cette courte notice sera lue avec
intérêt et dans le département du Rhône et dans
la grande cité lyonnaise, véritable métropole du
bassin de la Méditerranée.

Château Davignon, commune des Saintes-Maries-
de-la-Mer, avril 1857.

Le Cheᵛʳ Joseph BARD.

FIN.